Xa-Lando 2

Deutsch- und Sachbuch

Arbeitsheft

Herausgegeben von: Ingeborg Propson

Erarbeitet von: Sonja Kramer
Ingeborg Propson
Brigitte Schulze
Ulrike Stephanblome
Antje Wittenberg-Ilayyan

© 2012 Bildungshaus Schulbuchverlage
Westermann Schroedel Diesterweg Schöningh Winklers GmbH
Braunschweig, Paderborn, Darmstadt

www.schoeningh-schulbuch.de
Schöningh Verlag, Jühenplatz 1–3, 33098 Paderborn

Das Werk und seine Teile sind urheberrechtlich geschützt.
Jede Nutzung in anderen als den gesetzlich zugelassenen Fällen bedarf der
vorherigen schriftlichen Einwilligung des Verlages.
Hinweis zu § 52a UrhG: Weder das Werk noch seine Teile dürfen ohne eine
solche Einwilligung gescannt und in ein Netzwerk gestellt werden.
Das gilt auch für Intranets von Schulen und sonstigen Bildungseinrichtungen.

Auf verschiedenen Seiten dieses Buches befinden sich Verweise (Links) auf
Internet-Adressen. Haftungshinweis: Trotz sorgfältiger inhaltlicher Kontrolle wird
die Haftung für die Inhalte der externen Seiten ausgeschlossen. Für den Inhalt
dieser externen Seiten sind ausschließlich deren Betreiber verantwortlich.
Sollten Sie dabei auf kostenpflichtige, illegale oder anstößige Inhalte treffen, so
bedauern wir dies ausdrücklich und bitten Sie, uns umgehend per E-Mail davon
in Kenntnis zu setzen, damit beim Nachdruck der Verweis gelöscht wird.

Druck 5 4 3 2 / Jahr 2018 17 16 15
Die letzte Zahl bezeichnet das Jahr dieses Druckes.

Gestaltung und Illustrationen: Veronika und Peter Wypior
Piktogramme: Reinhild Kassing
Druck und Bindung: westermann druck GmbH, Braunschweig

ISBN 978-3-14-013615-0

Inhalt

 Hallo, wie geht es dir?   6

 Gehen, rollen, fahren   12

 Abenteuer Wald   18

 Es (f)liegt was in der Luft   24

 Tierfreunde   30

 Ach du liebe Zeit!   36

 Quark macht stark   42

 Sehen und staunen   48

 Frühlingsträume   54

 So lebe ich   60

 Asterix und Co.   66

Symbole:

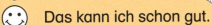 Das kann ich schon gut.
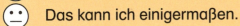 Das kann ich einigermaßen.
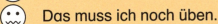 Das muss ich noch üben.
☆ Differenzierungsaufgaben

Artikelzeichen:

▢ der/ein
⌒ die/eine
▽ das/ein
● die/viele

Das bin ich

Wenn ich mich in ein Tier verzaubern könnte, wäre ich …

Als Pflanze wäre ich …

Hallo, wie geht es dir?

In der Schule sitze ich neben:

• Sammle die Namen und Fingerabdrücke.

In der Schule bin ich glücklich, wenn …

Ich bin traurig, wenn …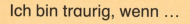

Ein Sonnenstrahl für mich:

• Klebe hier einen Zettel aus dem Spiel „Sonnenbaden" auf.

- sich als Teil der Klassengemeinschaft wahrnehmen
- angenehme und unangenehme Gefühle in Bildern ausdrücken
- Wertschätzung erfahren

1. Wie fühlt sich Ole? Suche einen Seelenvogel aus. Male ihn an.

2. **Klassenrat**

a) Was sagt Ole im Klassenrat? Verbinde zu Sätzen.

Ich bin sauer,	dass Mimi mich mitmachen lässt.
Ich möchte,	weil Mimi mich schlecht macht.
Ich wünsche mir,	dass sich Mimi entschuldigt.

b) Was sagt Mimi? Suche dir einen Satz aus oder denke dir einen eigenen Satz aus. Schreibe ihn auf.

- Es tut mir leid.
- Entschuldigung.
- Du kannst bei uns mitspielen.
- …

• Sprachmuster zur Lösung von Konflikten kennenlernen • War die Aufgabe leicht oder schwierig für dich? Male dem Smiley ein passendes Gesicht.

①

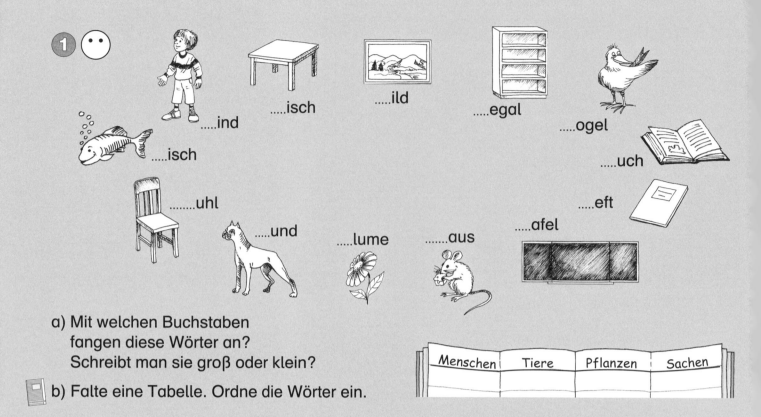

…ind …isch …ild …egal …ogel
…isch …uch
…uhl …und …lume …aus …afel …eft

a) Mit welchen Buchstaben fangen diese Wörter an? Schreibt man sie groß oder klein?

b) Falte eine Tabelle. Ordne die Wörter ein.

| Menschen | Tiere | Pflanzen | Sachen |

②

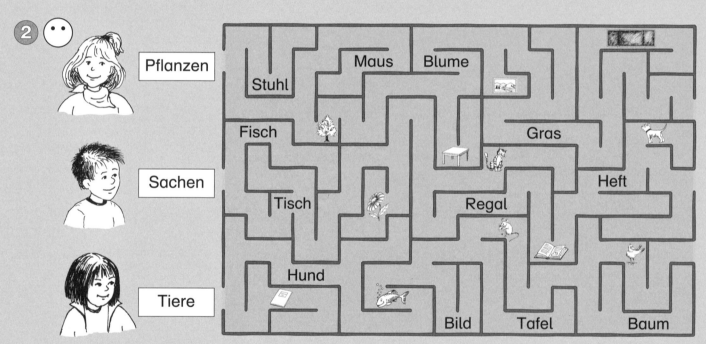

Pflanzen

Sachen

Tiere

Stuhl Maus Blume
Fisch Gras
Tisch Regal Heft
Hund
Bild Tafel Baum

- Mia sammelt Pflanzen, Tim sammelt Sachen und Kim sammelt Tiere. Was nehmen sie auf ihrem Weg mit?

Mia:

Tim:

Kim:

8
- Großschreibung von Nomen üben
- Nomen ordnen
- War die Aufgabe leicht oder schwierig für dich? Male dem Smiley ein passendes Gesicht.

1

- Verbinde die Buchstaben des Abc.

2 **Abc-Raupen**

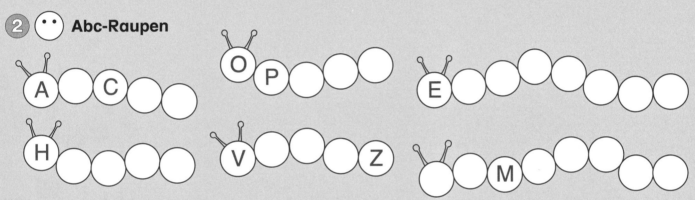

- Schreibe die fehlenden Buchstaben auf.

3

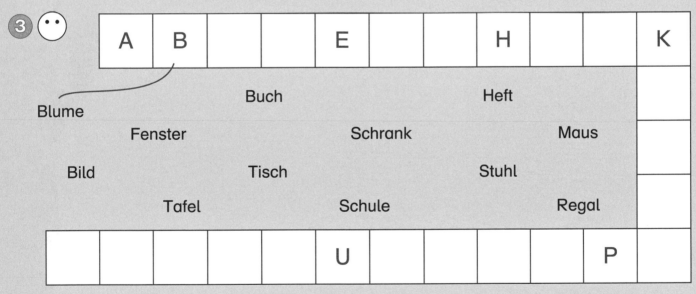

a) Schreibe die fehlenden Buchstaben auf.
b) Verbinde die **Nomen** mit dem richtigen Buchstaben.
c) Schreibe die **Nomen** nach dem Abc geordnet auf.

- Abc üben
- Nomen nach dem Abc ordnen
- War die Aufgabe leicht oder schwierig für dich? Male dem Smiley ein passendes Gesicht.

1 Suchsel

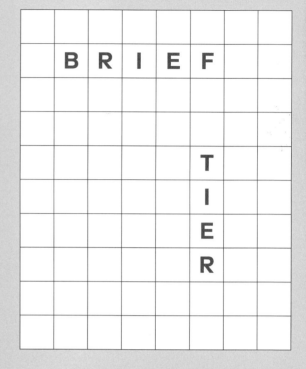

a) Markiere zehn Wörter mit **ie**.

b) Trage fünf Wörter mit **ie** ein. Setze dann andere Buchstaben dazu. Tausche dein Suchsel mit einem anderen Kind.

2 Geheimgänge

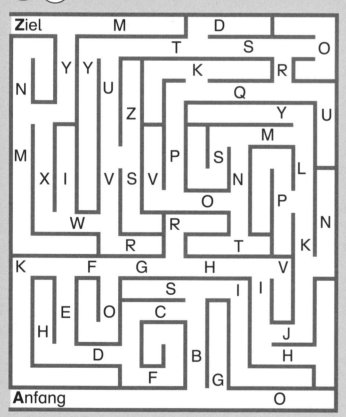
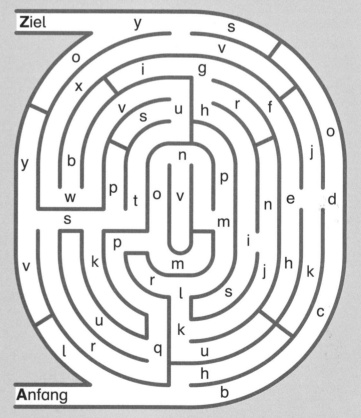

- Gehe den Weg des Abc mit einem Stift nach.

- Wörter mit ie üben
- Abc üben

- War die Aufgabe leicht oder schwierig für dich? Male dem Smiley ein passendes Gesicht.

Gefühle-Gesichter

1 a) Mache einen Abdruck deines Fingers in die Kreise.
Zeichne die passenden Gefühle-Gesichter hinein.

b) Verbinde die Sprechblasen mit einem passenden Gefühle-Gesicht.

c) Vergleicht eure Ergebnisse.

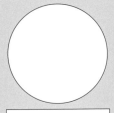
traurig

verzweifelt

Gestern habe ich mich mit Mia gestritten …

Morgen kommt meine Oma zu Besuch …

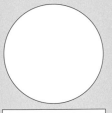
fröhlich

mutig

Vor zwei Wochen ist mein Vogel gestorben …

Ich soll gleich der Klasse ein Lied vorsingen …

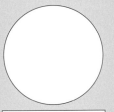
wütend

erschrocken

Tim hat mein Rad kaputt gemacht …

Da gab es plötzlich einen lauten Knall …

neugierig

ängstlich

Heute kaufe ich mir ein Buch über Hamster …

2 a) Wie fühlst du dich gerade? Mache einen Abdruck deines Fingers in den Kreis.
Male das passende Gefühle-Gesicht hinein.

b) Schreibe das Gefühl auf.

• Sensibilisierung für Gefühle und Mimik anderer

Gehen, rollen, fahren

Mein Schulweg

Ich wohne _____

Ich komme zur Schule ☐ zu Fuß.
☐ mit dem Auto.
☐ mit dem Fahrrad.
☐ mit dem Bus.

Ich brauche für meinen Schulweg _____ Minuten.

Ich kann auf einem Gehweg gehen. ☐ ja
☐ nein

Ich muss _____-mal eine Straße überqueren.

Ich überquere die Straße ☐ an einem Zebrastreifen.
☐ an einer Ampel.
☐ _____

Auf meinem Schulweg ist diese Stelle gefährlich:

_____

So verhalte ich mich dort:

_____

- sich den eigenen Schulweg vergegenwärtigen
- Gefahrenstellen auf dem Schulweg bewusst wahrnehmen

Fußweg

Haltestelle

Fuß- und Radweg

Verkehrsberuhigter Bereich

Für Radfahrer verboten

Radweg

Für Fußgänger verboten

Fußgängerüberweg

a) Male die Schilder richtig an.

b) Wie heißen die Schilder? Verbinde.

1

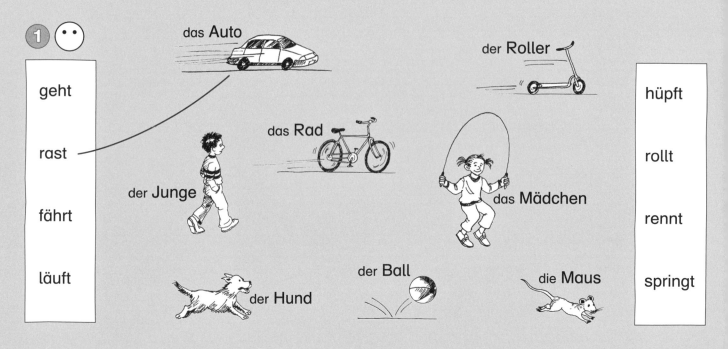

geht

rast

fährt

läuft

hüpft

rollt

rennt

springt

a) Was passt zusammen? Verbinde.
   Du kannst die Wörter mehrfach benutzen.

b) Schreibe Sätze: Das Auto rast.

2 Otto spielt vor dem 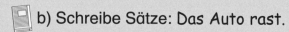.

Auf einmal _____ ein bunter 🏐 vorbei.

Otto _____ los. Der 🏐 _____ die 🛣 entlang.

Otto _____ hinterher. Da _____ ein 🚌 vorbei.

Der 🏐 _____ über die 🛣 und landet in einem 🚗.

Otto muss warten. Viele 🚗 fahren vorbei.

Endlich ist die 🛣 frei. Schnell _____ Otto in das 🚗.

Doch da _____ das 🚗 los.

a) Setze passende Wörter aus Aufgabe 1 ein.
   Manche Wörter musst du mehrfach benutzen.

☆ b) Wie könnte die Geschichte weitergehen? Schreibe einen Schluss.

• unterschiedliche Formen der Fortbewegung benennen

1 Suchsel

T	Q	U	A	T	S	C	H	Y	S
Q	W	G	I	T	Z	R	T	I	Q
U	A	N	Z	E	M	A	G	E	U
A	R	H	B	Q	U	E	R	T	E
L	I	Q	U	A	L	L	E	P	L
M	O	Q	W	P	B	P	B	K	L
I	Q	U	I	Z	C	K	V	J	E
O	S	I	O	Q	U	A	R	K	Z
M	A	Y	L	L	L	J	S	H	U
P	O	Q	U	E	T	H	X	C	P

V	I	E	L	M	W	E	R	T	Z
O	A	S	S	V	A	T	E	R	U
N	Q	V	J	H	G	D	Z	U	P
V	V	O	L	L	T	P	W	H	V
T	A	P	W	V	O	M	N	J	O
L	I	S	Q	U	U	A	Z	K	G
V	U	L	K	A	N	H	T	L	E
O	R	V	T	Z	C	I	P	M	L
P	T	O	T	V	V	I	E	R	M
Y	Z	R	I	V	P	O	X	N	L

a) Markiere sieben Wörter mit **QU**.

b) Markiere acht Wörter mit **V**.

2 Geheimschrift

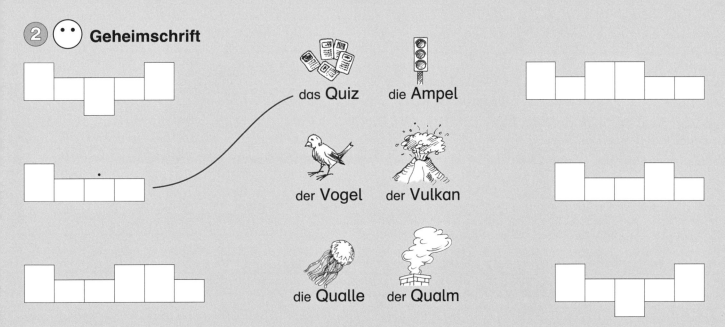

das **Q**uiz   die **A**mpel

der **V**ogel   der **V**ulkan

die **Q**ualle   der **Q**ualm

• Setze die Wörter in den richtigen Wörterzaun ein. Verbinde.

3 Wörterzauber

☆atschen   ☆er   ☆älen   ☆almen   ☆iel

über☆eren   ☆orbei   ☆on   be☆em   ☆ier

☆or   ☆aken   ☆om   ☆ietschen   ☆orwärts

a) Setze **qu** oder **v** ein.

b) Schreibe die Wörter in dein Heft.

• Wörter mit Qu/qu und V/v üben

1 a) Markiere in den Ballons alle **Nomen**.

- wartet vor Tim der Ampel.
- an steht der Straße. Mia
- mit dem Rad. Mimi fährt
- Ron zum geht Auto.

b) Bilde Sätze. Schreibe sie zu dem passenden Bild.

2 Suche die Wörter in der Wörterliste. Schreibe die Seitenzahl auf. Welches Wort steht davor? Welches dahinter?

Ball — Seite

rollen — Seite

Quellen — Seite

Vogel — Seite

Auto — Seite

Straße — Seite

- die Wortart Nomen üben
- Sätze bilden
- den Umgang mit der Wörterliste üben

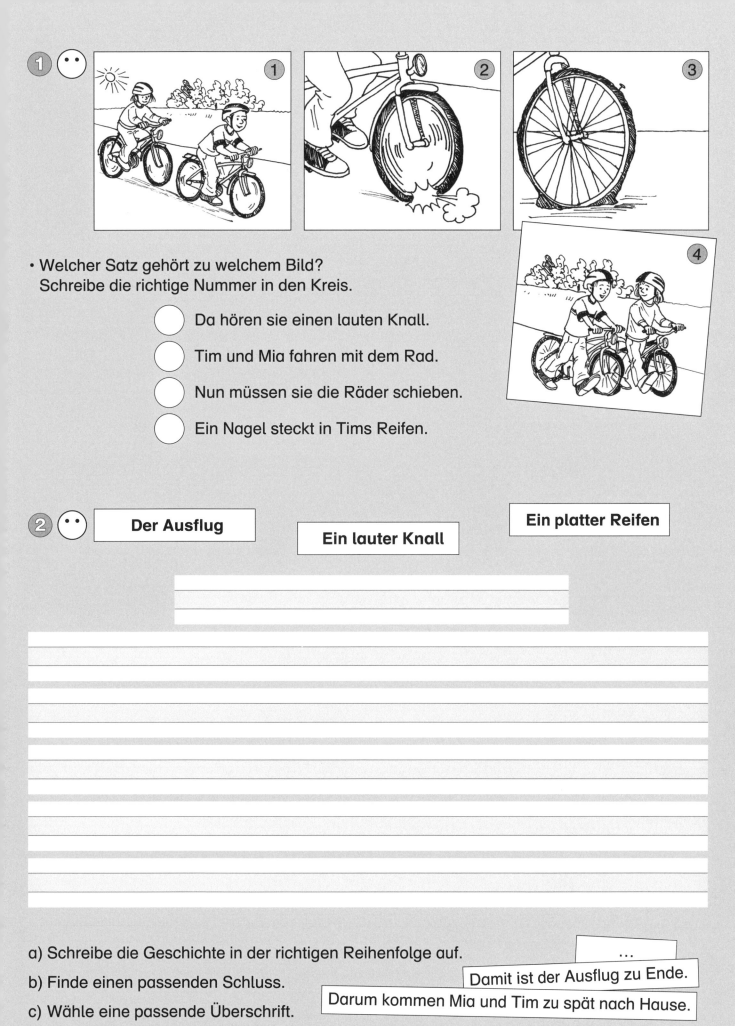

- Welcher Satz gehört zu welchem Bild?
  Schreibe die richtige Nummer in den Kreis.

  ◯ Da hören sie einen lauten Knall.

  ◯ Tim und Mia fahren mit dem Rad.

  ◯ Nun müssen sie die Räder schieben.

  ◯ Ein Nagel steckt in Tims Reifen.

Der Ausflug **Ein lauter Knall** **Ein platter Reifen**

a) Schreibe die Geschichte in der richtigen Reihenfolge auf.
b) Finde einen passenden Schluss.
c) Wähle eine passende Überschrift.

...
Damit ist der Ausflug zu Ende.
Darum kommen Mia und Tim zu spät nach Hause.

- einer Bildergeschichte Sätze zuordnen
- Schluss und Überschrift ergänzen

Mein Freund, der Baum

Er heißt: _____   Er steht: _____

Mein Baum sieht so aus:

Sein Blatt sieht so aus:

Hier klebt ein Rubbelbild von seiner Rinde.

Seine Frucht sieht so aus:

Seine Rinde fühlt sich _____ an. Sein Stamm ist

ungefähr _____ cm dick. Seine Früchte heißen _____ .

• eine persönliche Beziehung zur Natur anbahnen

1 a) Bastle dir Zungenbrecher: Die drei Drachen dürfen ...
b) Markiere **D/d**, **G/g** und **B/b** in verschiedenen Farben.

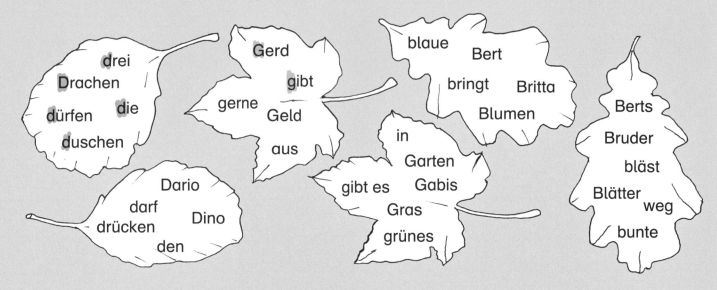

2 d g oder b ?

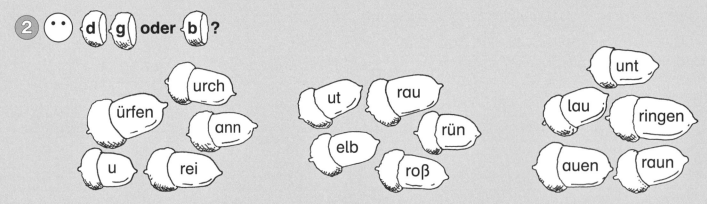

a) Sprich die Wörter deutlich. Schreibe sie in dein Heft.
b) Markiere **d**, **g** und **b** in den gleichen Farben wie in Aufgabe 1.

3 d g oder b ?

der Vo.......el

die Rä.......er

die Zwei.......e

die Er.......e

die Hän.......e

☐ Re.......en

⌒ Ga.......el

☐ I.......el

☐ Jun.......e

☐ Ne.......el

• Schreibe die **Nomen** mit **Artikel** (Begleiter) richtig in dein Heft: <u>der</u> Vogel ...

• B/b, G/g, D/d im Anlaut und im Inlaut wahrnehmen und üben

1

der — die — das

□ Bach — ⌒ Quelle — ▽ Wasser   □ Zweig   ⌒ Rinde   ▽ Moos

□ Herbst   ⌒ Erde   ▽ Feuer   □ Wald   ⌒ Blume   ▽ Tier

□ Igel   ⌒ Eule   ▽ Blatt   □ Freund   ⌒ Freundin   ▽ Kind

- Welchen **Artikel** (Begleiter) haben diese **Nomen**?
  Bilde der—die—das Ketten: der Bach – die Quelle – das Wasser

2

Nachtvogel	**E**	**u**				
trockenes Gras		**e**	**u**			
Verletzung am Kopf		**e**	**u**			
Menschen		**e**	**u**			
8 + 1 =		**e**	**u**			
Es brennt.		**e**	**u**			
Tüte für Tee		**e**	**u**			
böse Figur im Märchen		**e**	**u**			

Lösungswort: _ _ _ _ _ _ _ _

- Nomen nach ihren Artikeln ordnen
- Wörter mit Eu/eu üben

Im Wald

Ast	Stein	Banane	Gabel	Auto	Gras
Bach	Strauch	Blume	Hexe	Blatt	Holz
Baum	Vogel	Erde	Qualle	Feuer	Messer
Hase	Zweig	Eule	Quelle	Geld	Wasser

a) Was kannst du auf dem Suchbild entdecken? Unterstreiche die **Nomen**.

b) Schreibe die unterstrichenen **Nomen** mit **Artikel** (Begleiter) in dein Heft.

• Nomen mit Artikel gebrauchen

1

Freundschaft   Im dunklen Wald   Verlassen im Wald
...   Angst

○ Lena und ich hatten große Angst. Deshalb sind wir ganz schnell gelaufen.

① Ich habe mit Lena im Wald gespielt. Es wurde dunkel. Wir wollten nach Hause gehen.

○ Und seitdem spreche ich nicht mehr mit Lena.
Timo

○ Ich bin über eine Wurzel gestolpert und hingefallen. Lena ist einfach weitergerannt.

a) Ordne die Sätze.
b) Finde eine passende Überschrift.
c) Schreibe den Text ab.

2

Ich habe mit Timo im Wald gespielt. Und am Abend sind wir nach Hause gegangen. Und es wurde schon dunkel. Und ich hatte große Angst. Und deshalb sind wir ganz schnell gelaufen. Und Timo ist hingefallen. Und ich habe meine Mama geholt. Aber Timo war schon weg.

Lena

Lies den Text laut.

a) Markiere die Satzanfänge. Was fällt dir auf?
b) Streiche alle ~~Und~~ durch. Wie klingt der Text jetzt?
c) Berichtige die Satzanfänge so:
   ~~Und~~ ~~ü~~**Am** Abend sind wir nach Hause gegangen.
d) Finde eine Überschrift.

- Textfragmente ordnen
- Verfahren zum Überarbeiten von Satzanfängen kennenlernen

Es (f)liegt was in der Luft

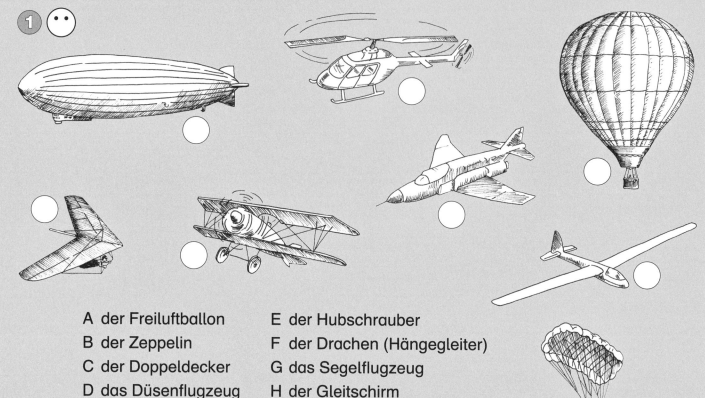

A der Freiluftballon
B der Zeppelin
C der Doppeldecker
D das Düsenflugzeug
E der Hubschrauber
F der Drachen (Hängegleiter)
G das Segelflugzeug
H der Gleitschirm

- Welcher Buchstabe gehört zu welchem Bild?

Von der Luft

„[…] Nun bin ich schon den ganzen Tag an der Luft", sagte der Knirps.
„Ich habe den See, den Fluss, das Meer und die Bäume gesehen.
Nur die Luft konnte ich nirgends entdecken."
„Na, dann halte dir mal den Mund und die Nase zu", sagte die Luft.
Der Knirps tat es. Aber nicht lange. Dann schrie er: „Hilfe, ich ersticke!"
„Merkst du nun, dass es mich gibt?
Du brauchst mich zum Atmen", sagte die Luft. „Und guck dich um:
Wieso bewegen sich die Äste? Warum flattern die Blätter?"
„Das macht der Wind", sagte der Knirps, „den kann ich spüren."
„Du! Wenn ich mich bewege, bin ich der Wind.
Da ist ein Vogel, der segelt auf mir.
Dort ist eine Windmühle. Ich drehe ihre Flügel.
Ich trage die Wolken. Ich bringe den Regen. Ich bringe den Schnee.
Ich mache auch den Himmel wieder blank und blau –
denn ich stehe fast nie still, ich bin meist in Bewegung."

Max Kruse

- Wo entdeckt der Knirps die Luft? Unterstreiche die Stellen im Text.

Sauerstoff in der Luft*

Lösche eine Kerze.
Du darfst sie nicht auspusten.
Du darfst sie nicht anfassen.

*Luft
Luft besteht aus verschiedenen Gasen. Ein besonders wichtiges Gas ist der Sauerstoff. Feuer braucht Sauerstoff zum Brennen.

Du brauchst:
- 1 Untertasse
- 1 Teelicht
- 1 schmales Glas
- gefärbtes Wasser
- Streichhölzer

Fülle die Untertasse zur Hälfte mit gefärbtem Wasser.
Stelle das Teelicht hinein.

Zünde das Teelicht an. Stülpe das Glas darüber.

Male, was du beobachtest.

Schreibe auf, was du beobachtest.

Ich sehe _____

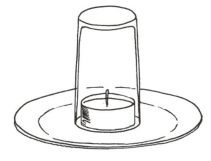

Finde eine eigene Erklärung.

Ich vermute _____

Das ist die Erklärung: Im Teelicht ist Stearin. Beim Verbrennen von Stearin wird der Sauerstoff aus der Luft umgewandelt. Ein Teil wird zu Wasser. Dieses Wasser braucht im Glas weniger Platz als der Sauerstoff. Das (farbige) Wasser vom Teller tritt an die Stelle des Sauerstoffs. Deshalb steigt es im Glas hoch.

- einen Versuch mit Luft nach Anleitung durchführen und dokumentieren
- eine Struktur zum Führen eines Forschertagebuches kennenlernen

Wo sind die Selbstlaute?

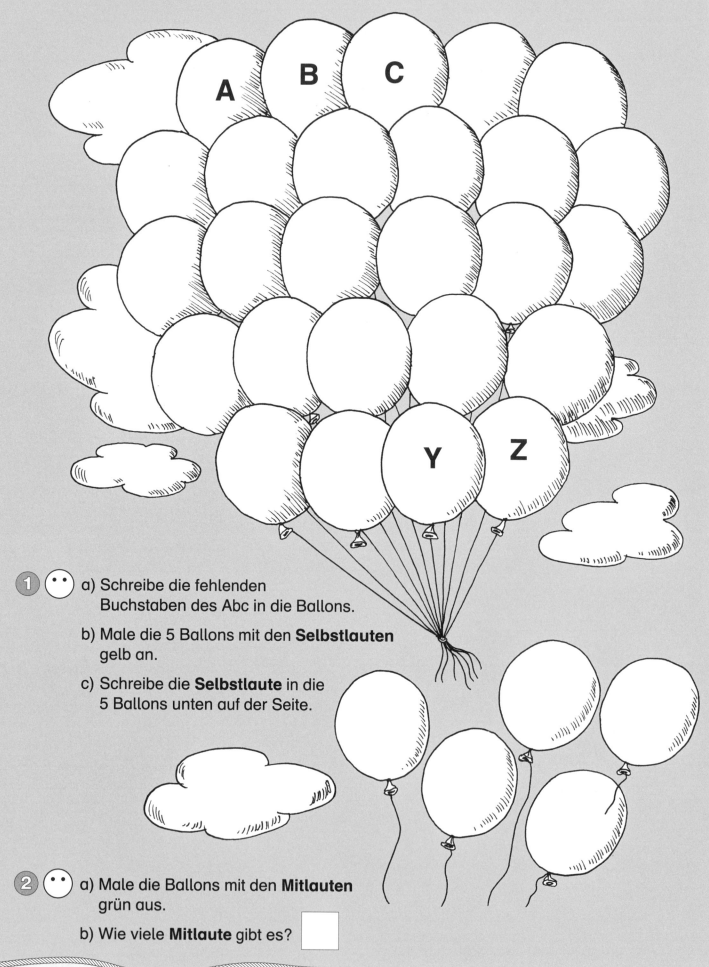

1. a) Schreibe die fehlenden Buchstaben des Abc in die Ballons.

   b) Male die 5 Ballons mit den **Selbstlauten** gelb an.

   c) Schreibe die **Selbstlaute** in die 5 Ballons unten auf der Seite.

2. a) Male die Ballons mit den **Mitlauten** grün aus.

   b) Wie viele **Mitlaute** gibt es? ☐

- Selbstlaute und Mitlaute unterscheiden
- Abc üben

1) 😊

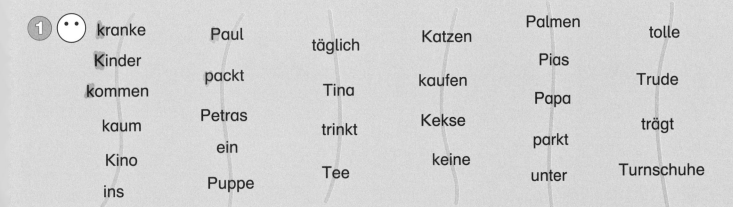

kranke Kinder kommen kaum ins Kino
Paul packt Petras ein Puppe
täglich Tina trinkt Tee
Katzen kaufen Kekse keine
Palmen Pias Papa parkt unter
tolle Trude trägt Turnschuhe

a) Bastle dir Zungenbrecher: Kranke Kinder kommen kaum ins …
b) Markiere **K/k**, **P/p** und **T/t** in verschiedenen Farben.

2) 😊 **p k** oder **t** ?

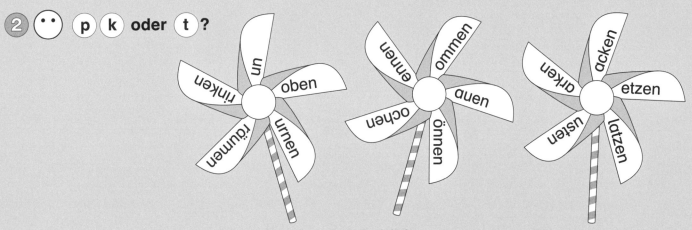

a) Schreibe die richtigen Buchstaben in die Windräder.
b) Sprich die Wörter deutlich und schreibe sie auf.
c) Markiere **p**, **k** und **t** in den gleichen Farben wie in Aufgabe 1.

3) 😊 **p k** oder **t** ?

die Bän......e
der Va......er
die Geschen......e
die Schrän......e
der A......fel

◠ Am......el
☐ A......ril
☐ Compu......er
☐ Gar......en
◠ Har......e

a) Setze **p**, **k** oder **t** ein.
b) Schreibe die **Nomen** mit **Artikel** in dein Heft: die Bänke …

1 Male die Felder im Drachen aus:
Felder mit **Nomen** blau,
Felder mit **Verben** (Tuwörtern) rot,
Felder mit **Artikeln** gelb.

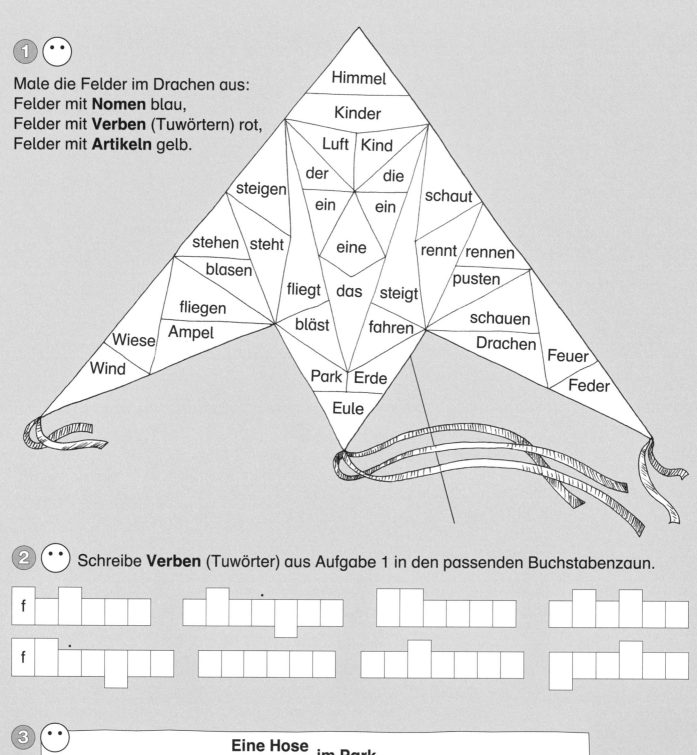

2 Schreibe **Verben** (Tuwörter) aus Aufgabe 1 in den passenden Buchstabenzaun.

f _ _ _ _ _

f _ _ _ _ _ _

3

Eine Hose / Ein Hase im Park

Mia steht mit ihrer Hand / ihrem Hund am Rand des Rasens. / Rind der Rosen.

Wie der Wind / die Wand läuft eine Hose / ein Hase über den Gries. / das Gras.

Als er Mias Hund / Hand sieht, rennt er zum Buch. / Bach. Schwupps, ist er weg!

a) Schreibe einen richtigen oder einen lustigen Text ab.
b) Markiere die **Selbstlaute** gelb.

- Wortarten unterscheiden: Nomen, Verben, Artikel
- Selbstlaute identifizieren

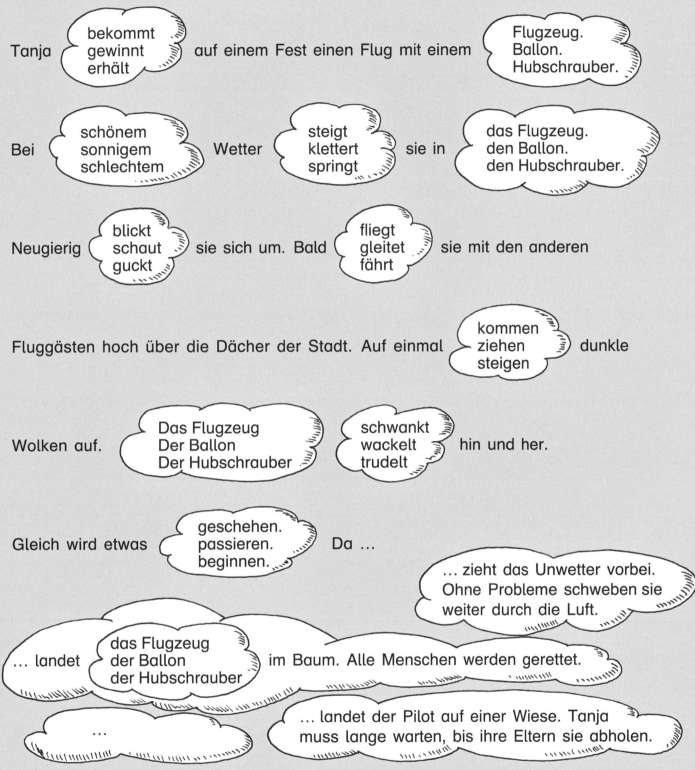

a) Wie gefällt dir der Text am besten? Lies ihn einem anderen Kind vor.
b) Wie könnte die Geschichte enden? Suche dir einen Schluss aus ☆ **oder** schreibe selbst einen Schluss in dein Heft.

• durch Ersatzproben einen Text überarbeiten

Tierfreunde

1 Wo können diese Tiere leben? Wie sehen sie aus? Wie bewegen sie sich?
Verbinde die Tiere mit den passenden Bildern und Wörtern.
Nimm für jedes Tier eine andere Farbe.

auf dem Land

fliegen

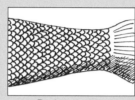
Schuppen

im Wasser

laufen

Federn

in der Luft

schwimmen

ein Fell

2 Was weißt du über diese Tiere?
Schreibe die Lösungsbuchstaben zum richtigen Tier unter die passende Zahl.

der Goldfisch

1	2	3	4

der Wellensittich

1	2	3	4

der Hund

1	2	3	4
			E

1	hat Schuppen	S
	hat ein Fell	T
	hat Federn	H

2	hat vier Beine	I
	hat Flügel	A
	hat Flossen	I

3	kann schwimmen	N
	kann fliegen	U
	kann laufen	E

4	erhebt sich in die Luft	S
	bleibt auf der Erde	R
	lebt im Wasser	D

• Tiere nach Aussehen, Lebensraum und Bewegung unterscheiden

1 In der Katze sind 10 Tiernamen versteckt. Suche sie. Was kannst du tun, um später die Tiernamen schnell zu finden?

(Versteckte Tiernamen in der Katze: Hamster, Huhn, Hund, Pferd, Kuh, Maus, Schwein, Frosch, Fisch, Schaf)

2 a) Die markierten Wörter helfen dir, wichtige Informationen aufzuschreiben.

Die Katze
Die Katze ist ein Raubtier. Sie frisst gerne Fleisch.
Zweimal im Jahr kann die Katze vier bis sechs Junge bekommen.
Die meisten Hauskatzen können älter als 15 Jahre werden.

Name: Katze
Futter: _____
Junge: _____
Alter: _____

b) Markiere die wichtigen Wörter und trage sie ein.

Der Hund
Der Hund ist ein Raubtier. Er frisst gerne Fleisch.
Zweimal im Jahr kann die Hündin drei bis zehn Junge werfen.
Die meisten Hunde werden älter als zehn Jahre.

Name: _____
Futter: _____
Junge: _____
Alter: _____

• wichtige Informationen in einem Text markieren und als Stichworte notieren

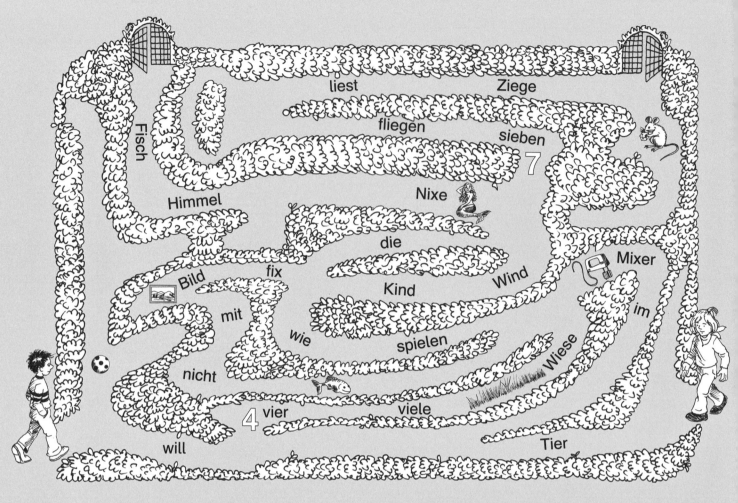

1. a) Tim läuft nur über Wörter mit kurzem **i**.
Mia geht nur über Wörter mit langem **ie**.

   b) Ordne alle Wörter nach langem und kurzem **i**-Laut in eine Tabelle.

ie	i
Tier	mit

2. Zu diesen Wörtern findest du ein Reimwort im Labyrinth.

liegen		Licht	
Spiele		Schimmel	
nie		Tisch	
sie		Schild	
lieben		still	
hier		sind	
diese		blind	

• langen und kurzen i-Laut unterscheiden

1 **Suchsel**

B	W	T	H	E	X	E	U	A	X	T
O	P	A	M	A	X	P	T	E	X	T
X	U	X	L	W	N	I	X	E	L	F
E	M	I	X	E	R	B	W	B	W	I
R	P	L	E	X	I	K	O	N	P	X

a) Markiere im Suchsel 10 Wörter mit x.

b) Ordne die Wörter nach dem Abc.

2 Die Wörter aus Aufgabe 1 passen in das Rätsel.

Man hackt Holz damit.

Im Märchen reitet sie auf einem Besen.

schnell

Man kann ihn lesen.

Name für Jungen

Mietwagen

Sportler

Buch zum Nachschlagen

Im Märchen ist sie halb Fisch, halb Mädchen.

Damit schlägt man Sahne steif.

Lösungswort: __ __ __ __ __ __ __ __ __ __

3

_EXT_N_XEH_XEBOXE__IXM_XER_EXIKON_AX

- Hier sind 8 Wörter mit x versteckt.
  Die fehlenden Buchstaben ergeben ein Lösungswort.

Das sehen alle Kinder gern: __ __ __ __ __ __ __ __

• Wörter mit x üben

Bei uns ist der Kunde König

 Was möchtest du ☐  Ich brauche eine Dose Futter ☐

 Willst du Vogelfutter, Fischfutter oder Katzenfutter ☐  Geben Sie mir bitte Hundefutter ☐

 Willst du Dosenfutter oder Trockenfutter ☐  Ich nehme Dosenfutter ☐

 Eine große oder eine kleine Dose ☐  Geben Sie mir eine große Dose ☐

 Willst du das billige Futter oder das teure Fiffifutter ☐  Mann, geben Sie mir irgendeine Dose, bevor mein Hund verhungert ☐

 Willst du eine Papiertüte oder eine Plastiktüte ☐  Hilfe ☐

1 Wie oft findest du das Wort Futter im Text? Markiere es.

TIPP! Spielt das Gespräch vor.

2 a) Ein Satz wird laut gerufen. Unterstreiche ihn rot.

b) Es fehlen zwei **Punkte**, vier **Ausrufezeichen** und sechs **Fragezeichen**. Trage sie ein.

Der Fußballstar

Der Schäferhund Don lebt auf einem Bauernhof. Am liebsten spielt er mit Kindern Fußball. Da er sehr schnell rennen kann, bekommt er oft den Ball. Manchmal schießt er sogar ein Tor. Er ist ein richtiger Fußballstar. Leider hat Don einen Tick. Wenn er keine Lust mehr hat, legt er sich hin und hält den Ball zwischen seinen Pfoten fest. Das ist auch heute wieder so.

a) Setze die fehlenden **Satzzeichen** ein.

b) Schreibe auf, was die Kinder rufen.

Ole bittet:

Ron schreit:

Tim schimpft:

Mia befiehlt:

Mimi ruft:

Kim meint:

☆ c) Was wird Don am Ende tun?

- Aufforderungs- und Aussagesätze unterscheiden und die richtigen Satzzeichen setzen
- auf den Gebrauch der wörtlichen Rede vorbereiten

Ach du liebe Zeit!

Der Jahreskreis

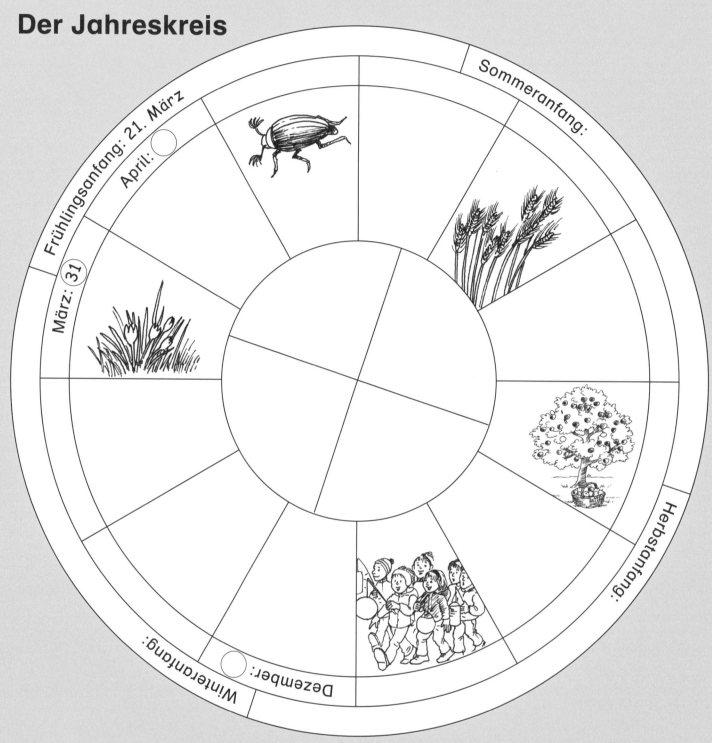

1. a) Schreibe die fehlenden Monatsnamen auf.
   Schreibe die Anzahl der Tage hinter die Monatsnamen: Januar: 31 Februar ...

   b) Male passende Bilder zu den Monatsnamen.
   Denke an Feste wie Weihnachten, Ostern, Karneval ...

2. a) Trage ein, in welchem Monat und an welchem Tag die Jahreszeiten anfangen.

   b) Welche Bilder passen in die Mitte?

• sich im Kalender orientieren

Unsere Jahreskette

1 Für jeden Tag im Monat soll eine Perle aufgezogen werden.
Nicht jeder Monat hat 31 Tage. Male die Perlen, die zu viel sind, schwarz an.

Januar Februar März April Mai Juni Juli August September Oktober November Dezember

2 Male die besonderen Tage im Jahr an:
rot: deinen Geburtstag
gelb: Ferientage
grün: Weihnachten, Ostern, Zuckerfest …
blau: …

• wichtige Daten zeitlich einordnen

a) Schreibe die richtigen **Selbstlaute** in die Monatsnamen.

b) Was kannst du in den verschiedenen Jahreszeiten machen?

D_z_mb_r   J_n_ _r   F_br_ _r

Schlitten fahren   Skateboard fahren   Drachen steigen lassen …

Rad fahren   schwimmen gehen   Blumen pflücken

N_v_mb_r   M_rz

Im Winter kann ich

Im Frühling

_kt_b_r   _pr_l

Im Sommer

S_pt_mb_r   M__

Im Herbst

_ _g_st   J_l_   J_n_

38

- Selbstlaute wiederholen
- passende Sätze zu den Jahreszeiten aufschreiben

1 Ka-len-der-ta-ge
Verbinde die **Silben** und schreibe die Namen der Tage auf.

| Diens | Don | Fe | Frei | Ge | Mitt | Mon | Sams | Sonn | Sonn |

ners · ri · en · burts · woch · a · bend

tag · tag · tag · tag · tag · tag · tag · tag

2
a) Male unter jede **Silbe** einen Bogen und zähle die **Silben**.
   Es müssen zusammen 45 **Silben** sein.

b) Was tust du gerne am Nachmittag? Markiere diese **Verben**.
   Verbinde sie mit den Sachen, die du dafür brauchst.

2 le sen	nichts 1
sin gen	Buch
mal len	Stift
ba cken	Mehl
tan zen	Sche re
schwim men	Turn zeug
spie len	Fern se her
tur nen	Ba de ho se
bas teln	Bal lett schu he
fern se hen	Tisch ten nis schlä ger

- Wörter in Silben zerlegen
- Silben als Lesehilfe nutzen

39

1 d oder t?

viele Hunde	viele Räder
ein Hund	ein _____
viele Säfte	viele Freunde
_____	_____
viele Kinder	viele Brote
_____	_____
viele Wälder	viele Pferde
_____	_____

a) Setze die fehlenden Wörter ein.
Markiere am Wortende **d** und **t** in verschiedenen Farben.

☆ b) Was hast du in dieser Übung gelernt?

_____

2 Brotzeit

Mia macht mit ihrem _____ Tim einen Ausflug mit dem ____.

Mias ____ Otto darf mitkommen. Auf einer Wiese steht ein _____.

Otto bellt laut. Bald kommen die _____ in einen _____. Hier machen

sie eine Pause. Sie trinken _____. Mia will ihre _____ mit Tim teilen.

Aber das Körbchen am ____ ist leer. Wer hat die _____ genommen?

a) Trage die fehlenden Wörter ein. Du findest sie in Aufgabe 1.

b) Schreibe den Text in dein Heft. Markiere am Wortende
d und **t** in verschiedenen Farben.

• Wörter mit d oder t im Endlaut üben

1 a) **Im Sommer**

Die ☀ scheint warm. Der Sommer ist da.

Viele 🌼 blühen und die 🍒 sind reif.

Die 🐦🐦 hüpfen von 🌿 zu 🌿 und fressen sich satt.

Bald gibt es Ferien. Dann kann ich jeden Tag 🏊 gehen.

b) **Im Herbst**

Der ⬭ bläst stark. Der Herbst ist da. Die ⬭ an

den ⬭ färben sich bunt. Die ⬭ sind reif.

Eine ⬭ huscht aus ihrem Versteck und knabbert an

einer ⬭. Heute lasse ich meinen ⬭ steigen.

Er fliegt bis zu den ⬭.

• Setze passende Bilder ein.

Im Winter

Im Frühling

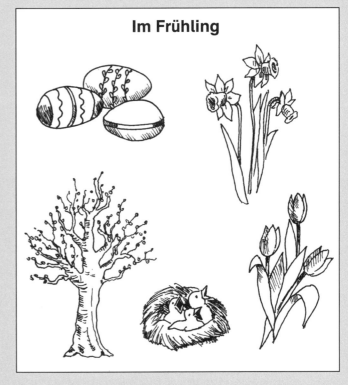

2 • Schreibe eigene Geschichten zum Frühling oder Winter. Ersetze einige Wörter durch Bilder.

• Geschichten zu den Jahreszeiten schreiben und gestalten

41

Quark macht stark

1 Was gehört in die Wagen der kleinen Lok? Schreibe die richtige Zahl in den Kreis.

○ Brot, Kartoffeln   **1** Getränke   ○ Obst   ○ Fisch, Fleisch, Eier

○ Gemüse   ○ Milch, Sachen aus Milch   ○ Öle, Fette

2 In welchen Wagen gehören die Lebensmittel? Schreibe die richtige Zahl in den Kreis.

3. a) Welche Lebensmittel machen die kleine Lok stark? Welche machen sie schlapp? Verbinde.

☆ b) Zeichne weitere Lebensmittel und verbinde.

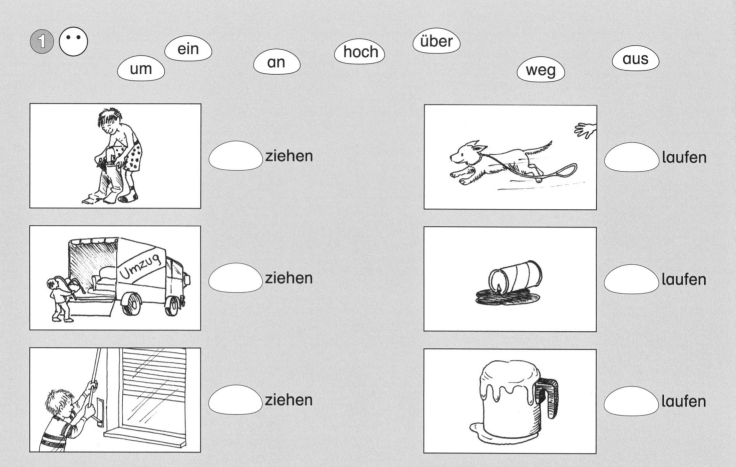

- Setze passende Bausteine vor die **Verben**.

2 Tim kocht

Oma und Opa sind unterwegs. Tim möchte schon das Essen (vor/~~um~~/~~aus~~)bereiten.

Er will den Milchreis (~~weg~~/auf/~~zu~~)wärmen. Tim hat bei Oma immer gut (~~auf~~/~~weg~~/nach)gepasst.

Zuerst muss er den Herd (ein/~~weg~~/~~an~~)stellen. Damit der Reis nicht (an/~~ab~~/~~aus~~)brennt,

muss Tim ihn gut (um/~~vor~~/~~zu~~)rühren. Zimt und Zucker hat er schon vorher (~~über~~/~~ent~~/ver)mischt.

Da hört er das Auto (~~ab~~/vor/~~über~~)fahren. Und das Essen ist fertig.

a) Streiche die falschen Bausteine durch.

b) Setze möglichst viele **Verben** mit Bausteinen zusammen. Schreibe sie auf.

• mit Vorsilben die Bedeutung von Verben ändern

1

Flo- · Mü- · ni- · E-cke
schme- · So- · Zu- · -cken
Bä- · tro- · le- · gu- · pflü- · -cker

• Finde so viele Wörter wie möglich. Schreibe sie auf. Markiere alle **ck**.

2 Leckere Kekse

Inas Bruder hat Kekse _____. Nun stehen sie oben im Regal in der ____. Sie riechen so _____. Ob sie auch gut _____? Ina steigt auf einen _____. Hm, die Kekse sind mit ganz viel _____ bestreut. Schnell _____ Ina sich drei in den Mund. Da kommt ihr Bruder _____. Aber Ina hat ____, er geht in sein Zimmer. Ina isst noch zwei Kekse. Oh _____, der Hocker _____ und Ina …

Ecke
schmecken
Schreck
wackelt
gebacken
zurück
steckt
Zucker
lecker
Hocker
Glück

a) Setze die Wörter aus dem Kasten ein.
b) Mache mit den **ck**-Wörtern ein Dosendiktat.

• Wörter mit ck bilden, anwenden und üben

① 😊 Verbinde die **Silben**. Schreibe die Wörter auf.

| Sa | Ap | Was | Tel | Mes | Ku | Ga | Löf | Zu |

fel · lat · ser · ler · chen · ser · fel · bel · cker

② 😊 Schreibe passende Wörter in die Kästchen. Schreibe nur große Buchstaben.

Lösungswort: | 1 | 2 | 3 | 4 | 5 | 6 | 7 | 8 | 9 |

• Wörter aus Silben zusammensetzen

Obstsalat mit Jogurt

1 Ordne die Bilder. Schreibe die Zahlen 1 bis 5 in die Kreise.

○   ○   ①   ○   ○

2 a) Ordne die Sätze. Die Bilder von Aufgabe 1 helfen dir.

○ Dann schneide ich es in Stücke.

① Dann wasche ich das Obst.

○ Dann fülle ich die Stücke in eine Schüssel.

○ Dann süße ich den Salat mit Honig.

○ Dann gieße ich Jogurt dazu und rühre alles um.

Zuerst   Später   Danach   Nun   Zum Schluss

b) Markiere die Satzanfänge. Was fällt dir auf?

c) Überarbeite die Satzanfänge. Die grauen Karten helfen dir: Zuerst ~~Dann~~

d) Schreibe die Anleitung mit der Überschrift richtig auf.

- Sätze ordnen
- Satzanfänge überarbeiten
- eine Anleitung aufschreiben

Sehen und staunen

1 Fühlen
Menschen, die nicht sehen können, haben eine eigene Schrift, die Blindenschrift. Übersetze diesen Satz:

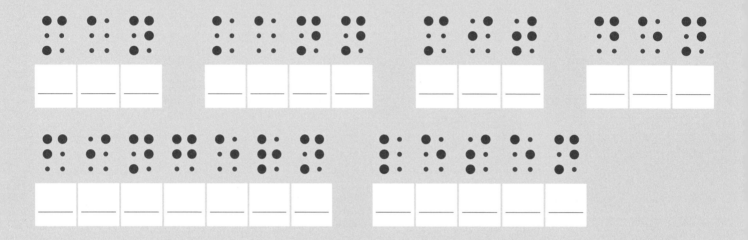

2 Hören
Menschen, die nicht hören können, lernen ein Finger-Abc.

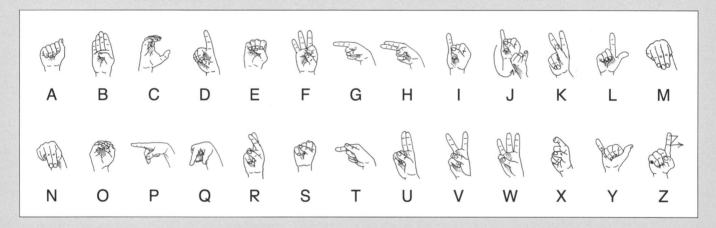

• Wie lautet dieser Satz?

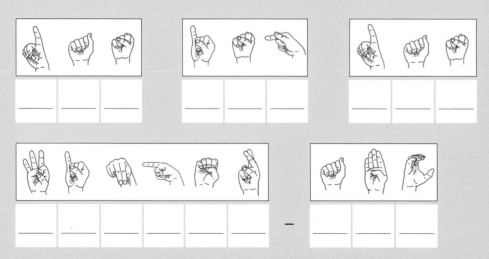

• Zeichen dekodieren
(Das Alphabet der Blindenschrift ist im Schülerband 2 auf den Seiten 110/111 abgedruckt.)

Magnete haben Kraft

Wo ist die Kraft des Magneten am stärksten?

• Male in jedem Bild eine Hälfte des Magneten rot und die andere grün aus.

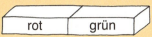

Du brauchst:
- einen Stabmagneten
- viele kleine Nägel oder Nadeln

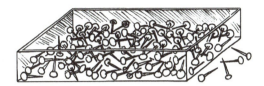

Schütte die Nägel über den Magneten.

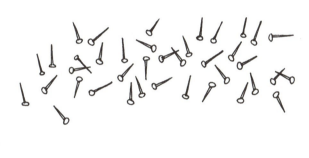

Male, was du beobachtest.

Schreibe auf, was du beobachtest.

Ich sehe _____

_____

_____

② Die Enden von Magneten heißen **Pole**.

Erforsche die Kraft der Pole am Hufeisenmagneten.
Kreise ein, wo die Kraft am stärksten ist.

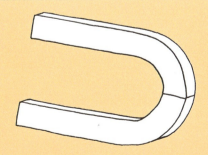

- Versuche mit Magneten planen, durchführen und dokumentieren
- Struktur zum Führen eines Forschertagebuches einüben

1 Male Felder mit **Nomen** blau aus, Felder mit **Verben** rot und Felder mit **Adjektiven** grün.

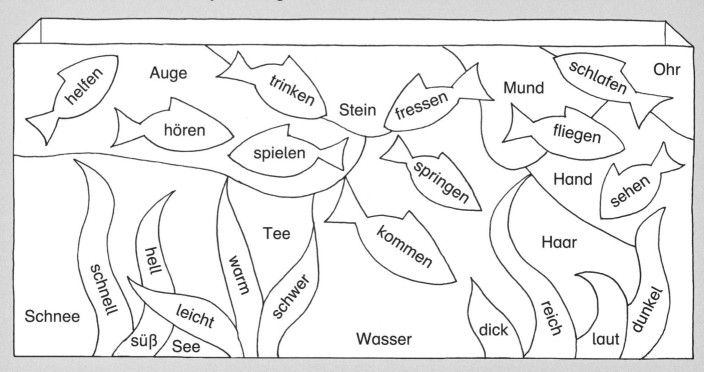

2 Trage die Wörter aus Aufgabe 1 in die Tabelle ein.

Nomen	Verben	Adjektive

Wortarten unterscheiden und benennen

1 Gegenteile gesucht

weiß
sch

weiß	langsam
	warm
	groß
	laut
	sauer
	nass
	hart
	schwarz
	schnell
	klein
	leise
	kalt
	weich
	süß
	trocken
	frisch

- Welches **Adjektiv** passt? Suche es in der Liste und schreibe es auf.
  Schreibe das Gegenteil darunter.

2 Ein Tag beginnt

Morgens um 7.00 Uhr klingelt der Wecker ☐☐☐☐ .

Tom öffnet die Augen. Die Sonne scheint ihm ☐☐☐☐☐ ins Gesicht.

Er läuft in die Küche. Dort duftet es schon nach ☐☐☐☐☐☐·☐ e n

Brötchen. Tom beißt in das ☐ ☐̈ ☐ e Brötchen mit Honig. Da kommt

sein ☐☐☐·☐ e r Hund und bettelt.

a) Setze die fehlenden **Adjektive** ein.
   Du findest die Wörter oben in der Wörterliste.

b) Schreibe den Text ab.
   Unterstreiche die **Adjektive** grün.

c) Was nimmt Tom mit seinen Sinnen wahr? Lies im Text nach.
   Er hört ... .   Er fühlt ... .   Er riecht ... .   Er schmeckt ... .   Er sieht ... .

- Gegenteile von Adjektiven finden
- mit Adjektiven Dinge genauer beschreiben

1 Welche Wörter haben einen langen **Selbstlaut**? Male ihre Felder aus.

2 Hier fehlen die doppelten **Selbstlaute** aa, ee, oo.
Setze die **Nomen** richtig zusammen. Schreibe sie mit dem **Artikel** auf.

☐ Kaff🫘🫘	+	⌒ Kanne	=	die Kaffeekanne
☐ T🫖	+	☐ Beutel	=	
☐ Schlauch	+	▽ B🛶t	=	
☐ S🏞	+	▽ Ufer	=	
☐ Wald	+	die B🫐ren	=	
▽ H💇	+	⌒ Bürste	=	
▽ Märchen	+	⌒ F🧙	=	
☐ Z🐘	+	die Tiere	=	
die Blumen	+	▽ B🌷	=	
☐ Schn☁	+		=	

52

- lange und kurze Vokale unterscheiden
- zusammengesetzte Nomen bilden
- Wörter mit doppeltem Selbstlaut üben

1. Verbinde die Reimpaare.

Mund   Nase

Sand

Hund

Schrank   Bank

Hand   Hase

2. Setze die passenden Reimwörter ein.

Schluss   Schuh   Apfelbaum
Regenwurm   Eisenbahn

Ich habe einen tollen Traum.
Ich sitz in einem A _ _ _ _ _ _ _ _ .

Ich träum von einer bunten Kuh
mit einem dunkelroten Sch _ _ .

Ich träum von einem hohen Turm,
und einem kleinen R _ _ _ _ _ _ _ _ .

Ich träum von einem Wackelzahn
und fahre mit der E _ _ _ _ _ _ _ _ .

Jetzt träume ich von Omas Kuss.
Schon ist mit meinen Träumen Sch _ _ _ _ .

3. Reime selbst. Die Reimwörter aus Aufgabe 1 helfen dir.

Ein _____ ist kein _____

Ein _____ ist keine _____

Ein _____

• durch Reimbildung die phonologische Bewusstheit vertiefen

Frühlingsträume

Die Tulpe

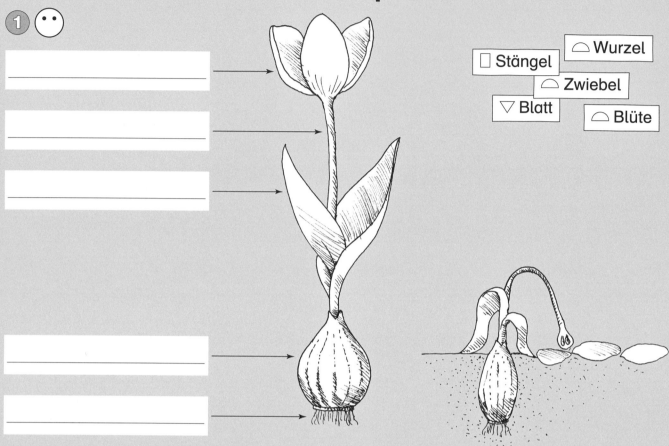

◯ Wurzel
☐ Stängel
◯ Zwiebel
▽ Blatt
◯ Blüte

• Wie heißen die Teile der Tulpe? Schreibe sie mit ihrem **Artikel** an die richtige Stelle.

2

a) Besorge dir eine fast verblühte Tulpe. Untersuche ihre Teile.

Ich sehe:

b) Was hat die Zwiebel so verändert?

Ich vermute:

54 • Teile der Tulpe benennen und untersuchen

Pflanzensteckbriefe

Der Löwenzahn
Der Löwenzahn hat eine gelbe Blüte.
Sein Stängel ist lang, hohl und rund.
Die Blätter haben sägeförmige Ränder.
Unter der Erde wächst eine lange
Wurzel.
Man findet ihn auf fast allen
Wiesen und an Wegrändern.
Er blüht in der Zeit von April bis
September.

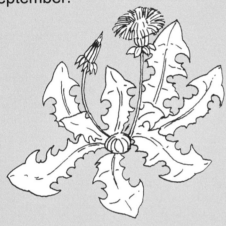

Name: _____
Blüte: _____
Stängel: _____
Blätter: _____
Unter der Erde: _____
Fundort: _____
Blütezeit: _____
Das weiß ich noch: _____

Das Gänseblümchen
Die Blüte des Gänseblümchens ist
innen gelb und außen rosa oder weiß.
Sein Stängel ist grün und behaart.
Die Blätter liegen dicht am Boden.
Unter der Erde wachsen viele
kleine Wurzeln.
Man findet es auf vielen Wiesen.
Es blüht fast das ganze Jahr über.

a) Markiere die wichtigen Wörter im Text.
b) Fülle die Steckbriefe aus.

Name: _____
Blüte: _____
Stängel: _____
Blätter: _____
Unter der Erde: _____
Fundort: _____
Blütezeit: _____
Das weiß ich noch: _____

- wichtige Informationen in einem Text markieren
- Stichworte notieren

1 In der Natur

Das ist ein _____ . Das ist ein _____

in einem _____ . Das ist der _____

zu dem _____ in dem _____ .

Das ist ein K_____ auf einem _____

mit einem _____ . Das _____ fährt mit

dem _____ und seinem _____

auf dem _____ in den _____

zu dem _____ .

- Setze für die Bilder Wörter ein.
  Achte auf die Endungen: **d** oder **t**, **g** oder **k**?

2

a) In jeder Blume findest du die **Einzahl** und die **Mehrzahl** eines **Nomens**. Markiere sie.

b) Ordne die **Nomen** nach dem Abc. Schreibe sie in dein Heft.

- Wörter mit d oder t, g oder k im Endlaut üben
- Einzahl und Mehrzahl von Nomen üben

1 Verändere die Wörter im Bild.
Mache aus der **Einzahl** der **Nomen** die **Mehrzahl**: Aus Ast wird Äst**e**.

2 Mia und Tim wollen bei Tante Bärbel zelten. Das haben sie mitgebracht:

Zelt**e**	Bücher	Feuerzeuge	Messer
Decken	Bälle	Hämmer	Teller
Flaschen	Töpfe	Taschenlampen	Becher
	Würste	Schlafsäcke	Äpfel

a) Verändere die Wörter. Mache aus der **Mehrzahl** die **Einzahl**: Zelt**e**

b) Schreibe auf, was die Kinder nur einmal brauchen.

ein Zelt,

☆ c) Was würdest du noch mitnehmen?

- Einzahl und Mehrzahl von Nomen unterscheiden
- das Prinzip der Stammerhaltung bei der Mehrzahlbildung entdecken

1 Fruhling

Seit gestern ist der Fruhling da. Es ist plotzlich warm geworden. Nico Muller liegt vor seiner Gartenhutte im Gras. Da hort er ein leises Gerausch. Etwas raschelt neben ihm. Nanu, die Graser bewegen sich! Ein dicker, fetter Frosch hupft auf Nico zu. Nico gefallt der fette Kerl. Er will ihn fangen. Aber der Frosch ist zu schnell.

In den nachsten Tagen sieht Nico noch viele Frosche. Tante Barbel erzahlt: „In jedem Fruhjahr wandern die Frosche durch den Garten. Die Frosche konnen keinen anderen Weg nehmen. Sie wandern zu dem Teich, in dem sie aus einem Froschei geschlupft sind."

a) Unterstreiche die Fehler im Text. Berichtige sie.
b) Berichtige die 5 Fehler im Bild.

2 Welche Laute fehlen?

a oder ä?

schl(a)fen – schl(ä)ft
tr( )gen – tr( )gt
l( )sst – l( )ssen
h( )lten – h( )lt
w( )schen – w( )scht
f( )llt – f( )llen
bl( )sen – bl( )st

o oder ö?

Kn( )pf – Kn( )pfe
Fr( )sche – Fr( )sch
V( )gel – V( )gel
fr( )h – fr( )hlich
T( )pfe – T( )pf
h( )ch – h( )her
H( )lzer – H( )lz

• Umlaute erkennen und richtig einsetzen

Zelt – aufbauen – Holz – fröhlich – Feuer

Abend – müde – schlafen

Nacht – Frösche – quaken – laut

aufwachen – Schuhe – wütend – springen – Wasser

a) Wie soll die Geschichte weitergehen? Male ein Bild.
b) Erzähle oder schreibe zu den Bildern eine Geschichte.
c) Denke dir eine Überschrift aus.

• mithilfe von Bildern und Stichworten eine Geschichte erzählen oder schreiben

So lebe ich
Meine Spuren

Meine Geburt

Datum: _____

Uhrzeit: _____

Größe: _____

Gewicht: _____

Einmal ist mir
etwas Besonderes passiert:
_____
_____
_____
_____
_____

Mein erster Schultag war am _____ .

So sehe ich heute aus:

a) Schreibe und male zu den Ereignissen.

b) Verbinde die Kästen wie bei einer Erzählspur.

☆ c) Ergänze die Spur mit eigenen Ideen.

• zur eigenen Biografie schreiben und malen

1 a) Ordne die Wörter nach ihren **Wortfamilien**. Schreibe sie in die Tabelle.
b) Unterstreiche die **Nomen**.

aufräumen	die Arbeit	der Weltraum	die Räume	arbeitslos
der Musikraum	die Hausarbeit	abwaschen	die Wäsche
die Wäscheleine	die Waschmaschine	die Arbeiterin

Raum	arbeiten	waschen

2 a) Schreibe die **Nomen** mit **Artikel** unter die Bilder.
b) Überprüfe den letzten Buchstaben mit der **Mehrzahl**.

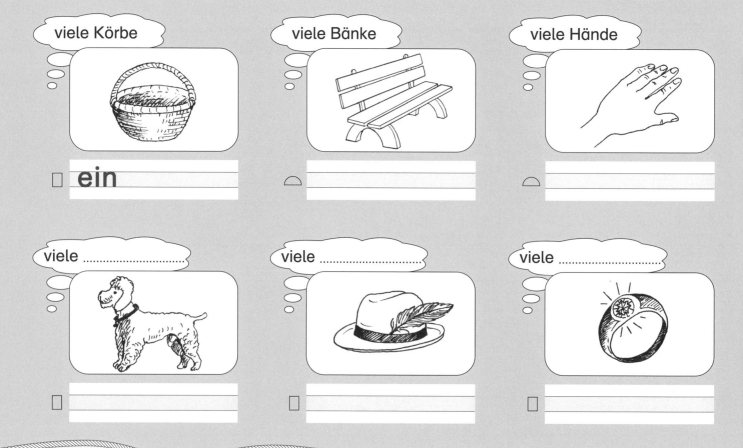

viele Körbe — ein
viele Bänke
viele Hände

viele ....
viele ....
viele ....

- Wortfamilien ordnen
- den Endlaut bestimmen

1 das Bäuchlein   das Rehlein   das Püppchen   das Wäldchen
das Vögelchen   das Brüderchen   das Männlein
das Bäumchen   das Schwesterchen   das Häschen   das Häuschen

a) Markiere **chen** und **lein**.
b) Schreibe so: das Bäuchlein – der Bauch.

2 **Das Zwergenhaus**

☐☐☐☐☐☐☐ und ☐☐☐☐☐☐☐☐☐

gingen in ein ☐☐☐☐☐☐☐. Dort sahen sie

ein ☐☐☐☐☐☐ und ein ☐☐☐☐☐☐.

Sie hörten ein ☐☐☐☐☐☐☐☐ singen. Zwischen den

☐☐☐☐☐☐☐ sahen sie ein ☐☐☐☐☐☐☐☐.

Darin wohnte ein ☐☐☐☐☐☐☐ mit einem

dicken ☐☐☐☐☐☐☐. Es schenkte ihnen

ein ☐☐☐☐☐☐☐.

a) Setze die Wörter von Aufgabe 1 ein.
b) Schreibe den Text ab. Markiere **chen** und **lein**.

• die Wortbausteine chen und lein üben

1 ☺ Suchsel

V	A	T	E	R	C	D	W	R	T	Z	U	I	K	O	A	V
H	W	N	M	J	A	Z	M	U	T	T	E	R	U	N	I	B
O	T	V	C	L	N	R	Z	P	X	V	B	G	A	K	J	R
M	I	O	T	A	N	T	E	A	R	T	O	A	M	E	N	U
A	Z	U	X	V	B	T	O	W	V	M	P	N	K	L	Z	D
T	S	C	H	W	E	S	T	E	R	U	A	O	P	C	V	E
H	J	A	S	V	N	U	Z	R	X	K	L	O	W	E	Z	R

a) Finde acht **Nomen** für Mitglieder einer Familie. Markiere sie.

b) Schreibe damit Sätze zu deiner Familie. Mein Vater heißt Uwe. Meine Mutter arbeitet ...

_____
_____
_____
_____
_____
_____

2 ☺ Das ist Toms Familie. Trage die Begriffe aus Aufgabe 1 ein.

[Stammbaum mit Bildern: obere Reihe – vier Großeltern (drittes Feld: Oma); mittlere Reihe – vier Personen (Eltern und Geschwister); untere Reihe – drei Kinder (zweites Feld: Tom, drittes Feld: Bruder)]

64
- Verwandtschaftsbezeichnungen üben und in Sätzen anwenden
- sich in einem Stammbaum orientieren

Streit im Kinderzimmer

Lena und Kai [spielen / streiten / toben] im Kinderzimmer. „Ich wollte den Teddy zuerst haben",

[flüstert / brüllt / meckert] Kai. Er [reißt / zieht / nuckelt] an Teddys Bein. Lena [zerrt / kaut / dreht] am Arm. „Aber eben

hast du noch mit Legos gespielt", [schreit / fragt / sagt] Lena zurück. Dann [schiebt / schubst / nimmt]

sie Kai zur Seite. Kai [fällt / zieht / kippt] fast um. Er fängt laut an zu [lachen / heulen / schimpfen].

Aber er [klopft / tritt / hält] das Bein weiter fest. Da [sehen / machen / hören] sie ein lautes Geräusch.

Der Teddy ist kaputt. Beide [beginnen / hören auf / fangen an] zu [kichern / weinen / streiten]. „So etwas Blödes",

[ruft / knurrt / flüstert] Lisa. Gemeinsam [holen / rufen / suchen] sie [Klebeband / Nadel und Faden / Mama] und …

a) Lies die Geschichte.
   Welches Wort aus den Kästchen
   passt am besten?
   Streiche die beiden anderen durch.

 ☆ b) Wie geht die Geschichte weiter?
   Finde einen eigenen Schluss.

- Verben im Kontext richtig gebrauchen
- zur Geschichte einen Schluss finden

Asterix und Co.

a) Beurteile deine Lieblingssendung, dein Lieblingsbuch und dein Lieblingsspiel. Die Wörter in den Kästen helfen dir.

b) Vergleicht, was ihr aufgeschrieben habt.

Ich finde die Sendung, das Buch oder das Spiel

toll, interessant, lustig, witzig, spannend, traurig, gruselig, aufregend, grausam, schwierig, einfach …

Krimi, Sportsendung, Quiz, Zeichentrickfilm, Kindermagazin, Kinderfilm, Science-Fiction, Tierfilm, Abenteuerfilm …

Märchen, Sachbuch, Abenteuerroman, Erzählung, Tierbuch, Bilderbuch, Krimi …

Computerspiele, Brettspiele, Denkspiele, Kartenspiele …

Die Sendung, das Buch oder das Spiel ist geeignet für:

Kinder, Erwachsene, Mädchen, Jungen, Jugendliche, die ganze Familie, Gruppen …

Mein Fernseh-Hit

Name der Sendung: _____

Datum und Uhrzeit: _____

Dauer der Sendung: _____

Art der Sendung: _____

Ich finde die Sendung _____

weil _____

_____

_____

Die Sendung ist geeignet für _____

_____

Mein Bücher-Hit

Name des Buches: _____

Autorin/Autor: _____

Verlag: _____

Zahl der Seiten: _____

Art des Buches: _____

Ich finde das Buch _____

weil _____

_____

Das Buch ist geeignet für _____

_____

Mein Spiele-Hit

Name des Spiels: _____

Dauer des Spiels: _____

Anzahl der Mitspieler: _____

Art des Spiels: _____

Ich finde das Spiel _____

weil _____

_____

_____

Das Spiel ist geeignet für _____

_____

- die Lieblingssendung, das Lieblingsbuch oder das Lieblingsspiel vorstellen und die Vorlieben begründen

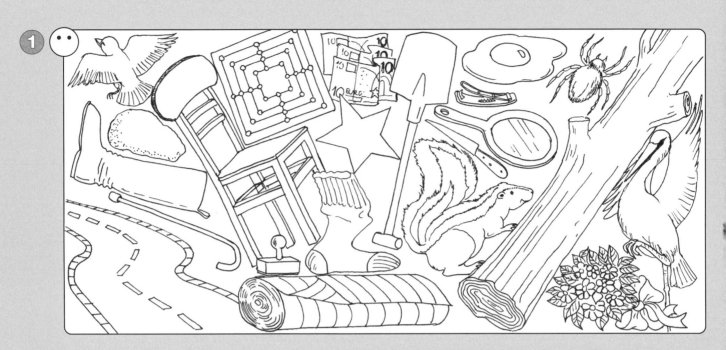

a) Bei welchen Wörtern sprichst du **St**? Male ihr Bild gelb an.

b) Bei welchen Wörtern sprichst du **Sp**? Male ihr Bild grün an.

c) Wie viele Dinge mit **St**☐ und wie viele Dinge mit **Sp**☐ findest du?

Spiel Knospe Spaß Wespe knuspern Sport

- Klingt Sp/sp wie in **Sp**iel oder wie in Ka**sp**er? Schreibe die Wörter ins passende Bild.

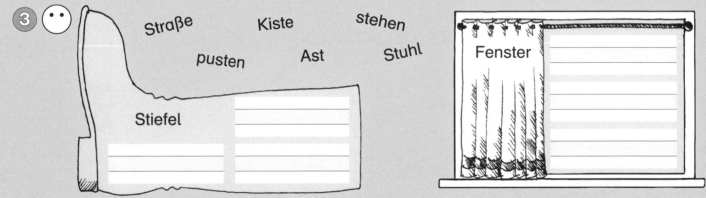

Straße Kiste stehen pusten Ast Stuhl

- Klingt St/st wie in **St**iefel oder wie in Fen**st**er? Schreibe die Wörter ins passende Bild.

1) Welche Karten gehören zur gleichen **Wortfamilie**?

Gruppe 1:
- Baustelle
- vorstellen
- Gestell
- stehlen
- bestellt
- **stellen**

Gruppe 2:
- Sprache
- verspricht
- Sprecher
- sprachlos
- Specht
- **sprechen**

Gruppe 3:
- Streifen
- steigt
- Steigung
- ansteigen
- gestiegen
- **steigen**

Gruppe 4:
- Abfall
- fällt
- Falte
- gefallen
- Holzfäller
- **fallen**

a) Markiere die Wörter, die zu einer **Wortfamilie** gehören, mit der gleichen Farbe.
4 Karten sind falsch. Streiche sie durch.

b) Schreibe die **Wortfamilien** auf.

2) **S p _ _ _ e**

Mia hat sich ein Schatten s p _ _ _ ausgedacht.

Sie will es ihren Freunden vor _ _ _ _ _ e n .

Außerdem braucht sie auch noch einige Mit _ _ _ _ _ e r .

Doch keiner hat Zeit. Ron schaut sich ein Fußball _ _ _ _ _ an.

Tim geht zu einem Puppen _ _ _ _ _ . Tom bastelt an seinem

_ _ _ _ _ zeugauto. „ _ _ _ _ _ verderber", denkt Mia.

• Schreibe die unvollständigen Wörter richtig auf. Wie heißt die **Wortfamilie**?

• Wörter nach Wortfamilien ordnen

1 Märchen gesucht

Schnee	Frosch	Rot	Dorn	Stern
witt	nig	chen	rös	ta
chen	kö	käpp	chen	ler

a) Die Namen der Märchenfiguren sind in Silben zerlegt. Verbinde die **Silben**.
b) Schreibe die Wörter richtig in dein Heft.

2

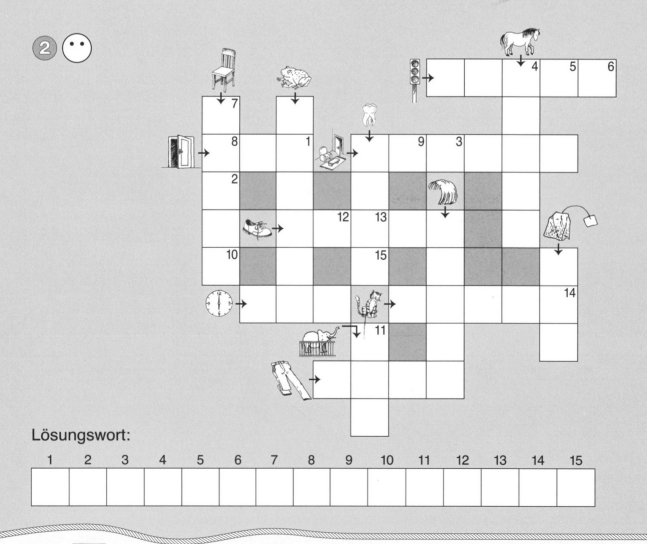

Lösungswort:

1	2	3	4	5	6	7	8	9	10	11	12	13	14	15

• Nomen aus Silben zusammensetzen

Tom – Kinderzimmer – liest –
Buch – ruft

Küche – Tisch – sitzen – essen –
liest – spannend

Wohnzimmer – sitzen – Fernseher –
Familie – liegt – liest

Eltern – neugierig – lesen

1. 😊 Erzähle oder schreibe zu den Bildern.
   Finde eine Überschrift.

2. 😊 Was für ein Buch liest Tom?

3. 😊 a) Überlege dir einen Titel für Toms Buch.
   b) Wie sieht der Umschlag aus?
      Male und schreibe.

- mithilfe von Stichworten eine Geschichte erzählen oder schreiben
- einen Buchumschlag gestalten

Textquelle
S. 24: Max Kruse, Von der Luft, aus: Warum … Kleine Geschichten von großen Dingen. Deutscher Taschenbuch Verlag, München 1983; gekürzt
Bildquellen
S. 6 und 7: Michal Snunit, der Seelenvogel © Carlsen Verlag GmbH, Hamburg 1991